Theodor Fontane
Hans-Jürgen Gaudeck

# Von London bis Pompeji mit Theodor Fontane

Theodor Fontane

# Von London bis Pompeji mit Theodor Fontane

Mit Aquarellen von
Hans-Jürgen Gaudeck

*edition federchen*
**Steffen Verlag**

Venedig – am Canale Grande

# Vorwort

Nach mehreren Anläufen kam 1858 endlich die Reise Fontanes nach Schottland zustande. Vorbereitet darauf war er wie kaum ein anderer Zeitgenosse durch Begegnungen mit einem schottischen Ingenieur in Swinemünde, sein frühes Interesse für Geschichte, besonders für Maria Stuart, sowie durchgehende Vertrautheit mit den Werken von Walter Scott. Die Arbeit in London, die in Berichten über Kunst und Theater, über Sehenswertes und zu Berichtendes sein grenzenloses Interesse für dieses Land und dessen vielfältige Geschichte zum Ausdruck brachten, ließen aber auch Selbstzweifel nicht immer verstummen. Gelegentlich war er sogar bereit, »den Poeten in den Koffer zu packen und fest zuzuschließen«, wie er seiner Frau Emilie in einem Brief vom 14. Juni 1852 mitteilte.

30 Jahre später beschrieb er der befreundeten Mathilde von Rohr in einer Korrespondenz vom 16. Mai 1888 seine Reise nach Schottland als »eine der schönsten in meinem Leben, jedenfalls die poetischste, poetischer als die Schweiz, Frankreich, Italien und alles, was ich später sah«. Sie brachte den Weltbürger Fontane seiner Heimat näher, denn schon bei der Dampferfahrt nach Stirling klang es an und später bei der Querung des Loch Leven auf dem Weg zum Schloss, in dem Maria Stuart gefangen gehalten wurde, »stand es in meiner Seele fest, die Mark Brandenburg und ihre Schlösser und Seen beschreiben zu wollen«. Ein Fazit, das er gegenüber Mathilde von Rohr zog.

Ein offener Blick, nicht erschlaffendes Bemühen um das Verständnis der hinter den Handlungen liegenden Motivationen der Träger der Geschichte und deren Aufschluss durch immer wieder erneuerte Quellenarbeit zeichnen den Dichter aus, der nach Großbritannien natürlich auch andere Länder besuchte.

Die für uns Heutige geschaffenen Aquarelle von Hans-Jürgen Gaudeck geben die Begeisterung und die Heiterkeit wieder, mit der Theodor Fontane seine Reisen schildert, wobei er auch die Strapazen nicht unerwähnt lässt. Wenn Gaudeck die Themse bei Richmond darstellt, erinnert er an William Turner und seine Aquarelle von Venedig haben etwas von der Leuchtkraft der Darstellungen von Monet.

Wer reisen will, so Fontane im Vorwort zur zweiten Auflage der »Wanderungen durch die Mark Brandenburg. Die Grafschaft Ruppin«, »der muß zunächst Liebe zu ›Land und Leuten‹ mitbringen, mindestens keine Voreingenommenheit. Er muß den guten Willen haben, das Gute zu finden, anstatt es durch krittliche Vergleiche totzumachen.« Mit solch offenen Augen erlebt er auch Dänemark, Frankreich, Italien und Österreich und Gaudeck tut es ihm nach.

Mit der nachdenklichen Heiterkeit seiner Aquarelle erschließt und ergänzt Hans-Jürgen Gaudeck für uns das geschriebene Wort auf seine Weise.

*Dr. Claus Cartellieri*

Emilie hat Dir hoffentlich meinen letzten Brief zur Durchsicht geschickt, und Du weißt beim Eintreffen dieser Zeilen bereits, daß ich die große Frage »London oder Paris« zugunsten Londons beantworte. Es ist schwer zu sagen »warum«. Diese lange Linie vom Louvre bis zum Arc de l'Etoile ist schön und groß und hat in London nicht ihresgleichen; die Boulevards, das Palais Royal und die neue Rue Rivoli (wo man, ungefähr so lang wie unsre Linden sind, unter Arkaden geht) sind einzig in ihrer Art; und die Plätze sind teils größer, teils schöner, teils interessanter, als sie London aufzuweisen hat. Aber all' das kann meine Total-Ansicht nicht umstoßen. Wer mit einem Dampfer von Hamburg kommt und die Themse erst bis zur Londonbrücke, dann bis zur Westminsterabtei und den neuen Parlamentshäusern hinauffährt, der hat mehr gesehn, als ganz Paris ihm bieten kann. Paris ist ein vergrößertes Berlin, London ist eben London und ist mit gar nichts andrem zu vergleichen. Paris ist eine sehr große Stadt, London ist aber eine Riesenstadt, d.h. sie macht den Eindruck, als sei sie nicht von schwachen Menschen, sondern von einem ausgestorbenen Geschlecht gebaut, dessen kleinste Leute alle sechs Fuß maßen.

Brief an seinen Vater Louis Henry Fontane, Paris, 19. Oktober 1856 – Den Brief schreibt Fontane während seines dritten England-Aufenthalts von 1855–1859, wo er für die ministerielle preußische Presse (»Adlerzeitung«) arbeitet. Bereits 1852 reist er nach London, um die so genannte »Korrespondenz« zu übernehmen. Als diese Ende März 1856 eingestellt wird, bleibt Fontane als Presseattaché in der Stadt. Um im teuren London finanziell bestehen zu können, verdingt er sich nebenher als Sprachlehrer.

Westminster-Palais am Themseufer

Der Zauber Londons ist – seine Massenhaftigkeit. Wenn Neapel durch seinen Golf und Himmel, Moskau durch seine funkelnden Kuppeln, Rom durch seine Erinnerungen, Venedig durch den Zauber seiner meerentstiegenen Schönheit wirkt, so ist es beim Anblick Londons das Gefühl des Unendlichen, was uns überwältigt – dasselbe Gefühl, was uns beim ersten Anschauen des Meeres durchschauert. Die überschwengliche Fülle, die unerschöpfliche Masse – das ist die eigentliche Wesenheit, der Charakter Londons. Dieser tritt einem überall entgegen. Ob man von der Paulskirche, oder der Greenwicher Sternwarte herab seinen Blick auf dies Häusermeer richtet – ob man die Citystraßen durchwandert und von der Menschenwoge halb mit fortgerissen, den Gedanken nicht unterdrücken kann, jedes Haus sei wohl ein Theater, das eben jetzt seine Zuhörerschwärme wieder ins Freie strömt –, überall ist es die Zahl, die Menge, die uns Staunen abzwingt.

»Ein Sommer in London. Von Gravesend bis London.« – Fontanes Begeisterung für seine Wirkungsstätte London ist überwältigend. Am 28. Juni 1860 – Fontane lebt seit fast eineinhalb Jahren wieder in Berlin – schreibt er an seinen Freund, den Schriftsteller Paul Heyse: »Es ist mir im Laufe der Jahre, besonders seit meinem Aufenthalte in London, Bedürfnis geworden, an einem großen Mittelpunkte zu leben (…) ein solches Schwungrad in nächster Nähe sausen zu hören (…).« Bis zu seinem Tod hält Fontane Berlin die Treue.

Menschenwoge am Piccadilly Circus

Es ist ein Etwas im Menschen, was ihn den Herbst und das fallende Laub mehr lieben läßt als den Frühling und seine Blütenpracht, was ihn hinauszwingt aus dem Geräusch der Städte in die Stille der Friedhöfe und unter Efeu und Trümmerwerk ihn wonniger durchschauert als angesichts aller Herrlichkeit der Welt. Ein ähnliches Gefühl mocht' es sein, was mich zum Glaspalast zog. Kaum zwei Stunden in London – und schon saß ich wieder auf meinem alten Lieblingsplatz, hoch oben neben dem Omnibuskutscher und das vor mir ausgeschüttete Füllhorn englischen Lebens wie einen langentbehrten Freund nach rechts und links hin grüßend, rollt' ich Regent-Street und Piccadilly hinab bis zu seinem Schlußstein, Apsley-House. Ich trat in den Hyde-Park; die Sonne stand in Mittag und unter ihrem Strahlenstrom glühte die noch ferne Kuppel des Kristallhauses auf wie ein »Berg des Lichts«, wie der echte und einzige Kohinur. Es brauchte kein Fragen und Suchen nach ihm: er war sein eigener Stern.

»Ein Sommer in London. Ein Gang durch den leeren Glaspalast.« – Am 24. April 1852 spaziert Fontane durch den Hyde Park und besichtigt den Kristallpalast (Crystal Palace). Am 26. Mai 1852 veröffentlicht er einen Artikel über das Bauwerk in der »Preußischen (Adler-)Zeitung«. Der Kristallpalast wurde in einer nur achtmonatigen Bauphase Ende April 1851 fertiggestellt und anlässlich der Weltausstellung 1851 eingeweiht. Sein Erbauer Joseph Paxton (1801–1865) orientierte sich am Bau eines Gewächshauses und galt mit seinem Gebäude als berühmtester Baumeister des Landes.

Apsley-House

Doch ich wollte Dir vom Straßen-Gudin und nicht von der Schönheit meiner Wohnung erzählen. Beides gehört insofern zusammen, als ich die Bekanntschaft meines seltsamen Seemalers ohne meinen Wohnungswechsel vielleicht niemals gemacht hätte; denn wie ich vernehme, findet man ihn im St. Pancras-Kirchspiel häufiger als an andren Orten, vielleicht weil die stillen Squares dieses Stadtteils und die verhältnismäßig wenig benutzten Trottoirs ihm die beste Gelegenheit zur Ausübung seiner Kunst und zum Erwerbe bieten. Zuerst sah ich ihn an einer Ecke von Torrington-Square. Ich geriet in ein Staunen, das weit das übertraf, mit dem ich die genialsten Rubens und die fromm-innigsten Murillos irgendwelcher Galerie jemals betrachtet habe. Kniend auf dem Trottoir, neben sich ein Stück schmutziger Pappe, auf dem die Bröckel von Pastellstiften lagen, zeichnete ein blasser, zwanzigjähriger Mensch Seestücke auf den Sandstein, so rasch, so genial, so meisterhaft, daß mir's gleich durch den Kopf schoß: ein Straßen-Gudin! Die englische Südküste schien er vorzugsweise bereist zu haben. Da war der Hafen von Lyme; der Hastingsfelsen mit seinem zerfallenen Kastell, und vor allem die Dover-Bucht bei Mondschein. Dunkelblau lag sie da, ein heller Lichtstreif lief drüber hin, von rechts und links aber sprangen die Schatten dunkler Klippen und diese selber dann weit ins Meer hinein. Ich war ganz Bewundrung (…).

»Ein Sommer in London. Tavistock Square und der Straßen-Gudin.« – Während seines beruflichen Aufenthalts als Presseberichterstatter in London wohnt Fontane 1852 am Tavistock Square und damit in unmittelbarer Nähe zu Charles Dickens, der dort von 1851 bis 1860 lebte. Fontane wagte es nicht, den englischen Schriftsteller zu besuchen und auch zufällig begegnete er ihm nicht.

Klippen von Dover

Es ist mit den Landschaften wie mit den Weibern; wer das nicht glauben will, der verliebe sich oder gehe nach Richmond. Wir sind in den Park getreten; der Kiesgang vor uns, die Buchen- und Rüsterkronen über uns verraten nichts Außergewöhnliches; gleichgültig, mit unsern Gedanken weit fort, gleiten unsere Finger an dem Eisengitter entlang, bis plötzlich ein Luftzug uns anweht und wir aufblicken. Wir stehen an einem Abhang, der ein »hängender Garten« ist. Weiß- und Rotdorn, mit ihrer Blütenfülle das dunkle Grün ihres Blatts verdeckend, tauchen wie Blumen-Inseln aus dem leise bewegten Grasmeer auf; wie ein Sinnbild des Reichtums dieser Fluren webt der Goldregen seine üppig gelben Trauben in dies Bild, und Fußpfade schlängeln sich rechts und links wie ausgestreckte Arme, die Dich einladen, teilzunehmen an all dem Glück. So reich die Nähe, aber reicher noch die Ferne. Am Fuß des Abhangs dehnt sich ein weites Tal, drin Rasen und Ginster sich um den Vorrang streiten, Laubwald, hoch und dicht, umschreibt einen grünen Kreis um so viel Lieblichkeit, und das blaue Band der Themse, bedeckt mit Inseln und Böten, gleitet mitten hindurch wie ein Streif herabgefallenen Himmels. Frischer weht der Wind, würziger wird die Luft, tiefer sinkt die Sonne, aber immer noch stehst Du, die Hand am Gitter, und blickst hinunter und atmest und träumst.

»Ein Sommer in London. Richmond.« – Fontane lässt seine Eindrücke und Erlebnisse aus der Zeit in London häufig auch in seine Romane einfließen. In einem Dialog seiner Figuren im Werk »Stechlin« erscheint über Richmond ein kurzer Einschub in Form eines Telegrammes des Gardeoffiziers Woldemar in seine Heimat: »Richmond schön. Windsor schöner.«

Themsefluss in Richmond

Die Sonne lacht und der Himmel ist wolkenlos. Ein Steamer trug uns von Westend bis an die Londonbrücke, und auf gut Glück dem Menschenstrom uns überlassend, der jetzt in die Themsestraße einmündet, befinden wir uns plötzlich inmitten des bunten City-Treibens und schwanken, staunenden Auges, was reicher sei: der blitzende Bazar, von dem wir kommen, oder das rußige Bergwerk, zu dem wir gehen. Ganz London ein goldener Baum: Westend seine Blüte, aber die City – Wurzel und Stamm.
Doch wir haben andere Ziele heut als Dock und Speicher, als Keller und Werft, und vorüber an »Billingsgate«, dem weltberühmten Fischmarkt, der mit seinen Austern und Muscheln und all seinem noch kribbelnden Seegewürm: Krabben und Krebse, Lobster und Spinnen – vor uns liegt wie ein trockengelegtes Stück Meer, vorüber auch an Zollhaus und Kohlenbörse, geraten wir jetzt auf einen weiten, freien Platz, der mählich ansteigend einem gepflasterten Hügel gleicht. Auf ihm liegt der »Tower«. Gespenstisch-grau steht er da: ein Grabmonument über einer gestorbenen Zeit und – die englische Geschichte seine Inschrift.
Der Tower ist eine Art Fort, von einem breiten, jetzt ausgetrockneten Graben ringsum eingefaßt, und besteht aus einem bunt zusammengewürfelten Haufen von Wällen und Türmen, deren bedeutendster, der weiße Tower, wiederum eine Zitadelle für sich bildet und isoliert aus der Mitte des geräumigen Festungshofes emporragt. Wie weit der Tower unsern modernen Anforderungen an einen »festen Platz« entspricht, muß ich dahingestellt sein lassen; seine Lage indes, auf einem Hügel inmitten der Stadt und in unmittelbarer Nähe der Themse, darf noch jetzt als überaus günstig bezeichnet werden: er beherrscht Stadt und Strom.

»Ein Sommer in London. Der Tower.« – Am 26. September 1852 erscheint Fontanes Artikel zum »Tower« in der »Preußischen (Adler-)Zeitung«. Fünf Tage zuvor erfährt er in einem Brief vom Tod seines Sohnes Rudolph (31.08.1852–15.09.1852). Er informiert seine Frau Emilie über die sofortige Abreise aus London und verlässt am 25. September 1852 die Stadt in Richtung Berlin. Zurückgekehrt verdingt sich Fontane ab dem 1. Oktober 1852 als Lektor der »Centralstelle für Preßangelegenheiten«.

Tower

Brighton ist schön, aber Hastings ist schöner. In alten Zeiten war es der größte und reichste unter den sogenannten »Fünf-Häfen«. Diese Tage des Glanzes sind für immer dahin. Die Natur tat für Portsmouth und Southampton zu viel, als daß Hastings wieder werden könnte was es war. Dennoch hat es eine Zukunft, aber nicht als Hafen, sondern als Badeplatz. Seine Lage ist entzückend, und das kalte vornehme Brighton blickt mit einer Art Unruhe auf den heitren, rührigen Nachbar, wie der bange Hüter eines mühsam errungenen Ruhms auf die lachende Stirn des Jüngeren blickt, die ihm zuruft: »Dein Kranz ist mein.« Hastings wächst von Jahr zu Jahr und mit Recht, denn die englische Südküste hat keinen schöneren Punkt. Ein mächtiger in die See vorspringender Fels teilt es in zwei Hälften: rechts, am Strande entlang, läuft der fashionable Teil der Stadt mit seinen Hotels und Palästen, am besten geschildert, wenn ich ihn Klein-Brighton nenne; linkshin zieht sich, ungleich malerischer denn jenes, das alte Hastings mit seinen Badekarren und Fischerhütten, die sich zum Teil unter die überhängenden Felsen kauern, deren groteske Häupter nun wie steinerne Wetterwolken über den Dächern drohn.

»Ein Sommer in London. Out of Town.« – Die von Fontane angeführten »Fünf Häfen« bezeichnen eine wirtschaftliche wie militärische Allianz im spätmittelalterlichen England, der unter anderem die Verteidigung gegen dänische Angriffe oblag. Zu dem Bündnis zählten zu jener Zeit die Hafenstädte Dover, Hastings, Hythe, Roniney und Sandwich – alle in den Grafschaften Kent und Sussex gelegen. Sie besaßen weitgehende Rechte und damit verbunden großen politischen Einfluss im Königreich. Gegen Ende des 14. Jahrhunderts verlor die Allianz zusehends an Macht und Glanz.

Felsenküste bei Hastings

Waltham-Abbey. Ich kannt' es lange, seit meiner Knabenjahre, wo ich mit großen Augen vom Hastingstage und dem Taillefer las, aber ich wußte nicht, daß diese Perle in unmittelbarer Nähe Londons liege. Dem Namen endlich auf der Karte begegnen und den nächsten Sonntag für eine Pilgerfahrt dahin festsetzen – war eins. Letzten Sonntag war ich da. Auf einem offenen Wagen fuhr ich durch die lachende Landschaft. Erst Villen, dann Pachtershäuser rechts und links, Hügel und Hecken und dazwischen, leis vom Winde bewegt, die vollen Halme des Essex-Weizens. Endlich hielt der Wagen; wir waren in Waltham, ein Dorf halb, halb Städtchen. Wir gingen die Straße hinauf, den breiten, abgestutzten Turm der Abteikirche wie einen Führer vor uns. Ein kleines Tor in der Feldsteinmauer führte uns auf den Kirchhof, einem jener wunderbaren Plätze, deren Zauber uns aussöhnt mit dem Gedanken des Sterbenmüssens. Die Häuser standen dem Kirchhofe so nahe, als gehörten sie mit dazu; einzelne hingen mit ihrem oberen Stockwerke über die Kirchhofsmauer fort, und die weißen Holunderbäume, die von der Mauer aus in die Fenster hineinwuchsen, schienen eher eine Brücke zu bauen als eine Scheidewand zu ziehen. Tod und Leben verschwammen hier miteinander.

»Reisebericht: Waltham-Abbey.« – Fast ein halbes Jahrhundert später wird Theodor Fontane im Roman »Stechlin« seine Eindrücke von Waltham-Abbey sowie die Geschichte um König Harolds Tod in der am 14. Oktober 1066 stattfindenden Schlacht bei Hastings einfließen lassen. Er schreibt einen Dialog, in dem sich die Schwestern Armgard Barby und Melusine von Ghiberti (geb. Barby) detailreich zu Ort und Geschehen austauschen.

Kirchhoftor in Waltham

Man pflegt Deutschland seiner Eichen halber zu preisen; die Teile, die ich von England gesehn, scheinen mir fast größren Anspruch darauf zu haben; überall gewahrt ich Laubholzwälder, in denen sich Rüster und Eiche um den Vorrang stritten, wogegen hierzulande die traurige Tanne herrscht. Die Abwechslung, die große Mannigfaltigkeit der Szene leiht vorzugsweise der englischen Landschaft ihren Reiz. Im Norden Deutschlands ist man gewohnt, eine Wiese oder ein Saatfeld ringsum zu erblicken; im glücklichsten Falle gewahrt man am Horizont hier den Turm einer Dorfkirche und gen Himmel steigenden Hüttenrauch, dort ein Wäldchen, meist aus Kiefern bestehend; – wenn ich mich so ausdrücken darf: unsere norddeutschen Landschaften haben zuviel Fläche, oder wie der Berliner sagt: zuviel Gegend. In England überraschte mich der stete Wechsel von Hügel und Tal, Wald und Feld, Graben und Hecke, Wiesen und Heideland – was man alles auch bei uns, aber selten auf so kleinen Raum zusammengedrängt finden kann.

»Wanderungen durch England und Schottland. Ein Tag in einer englischen Familie.« – Diese Impressionen verfasst Fontane während seiner ersten Englandreise im Jahr 1844. Auf ihr begegnet er einem Mr. Burford, der ihn in seine Villa einlädt. Auf dem Weg zu dessen »Woodside Villa« sammelt er Eindrücke, die unter anderem Eingang in die »Wanderungen durch England und Schottland« finden. Mit den Worten, er werde sich »freudig an den Tag erinnern, den ich in jener liebenswürdigen Familie verlebt habe«, resümiert Fontane sein Erlebnis.

Landschaft vor Oxford

Ziemlich im Zentralpunkt des eigentlichen Englands, in jener fruchtbaren Ebene, wo Cherwell und Isis zusammenfließen, um dann als Themse, als Herzader Englands, ihren Lauf gen Osten fortzusetzen, dort wo Gruppen uralter Ulmen und Eichen das schöne englische Wiesenland unterbrechen und Hütten, Meiereien und lachende Landsitze sich an den Windungen der Wege und Straßen entlangziehen, erhebt sich Oxford mit seiner Masse gewaltiger Bauwerke plötzlich aus dem Boden, Bauwerke, die ihrem allgemeinen Charakter nach die Mitte halten zwischen Kloster und Palast. Zwar durchbrechen einzelne gotische Kirchtürme und romanische Dome die horizontalen Linien; doch unterscheiden sich der allgemeine Eindruck aus der Form und auf den ersten Blick sehr wesentlich von dem gewöhnlichen mittelalterlicher Städte, auch der bedeutendsten. Die Umrisse sind keineswegs so scharf, vielzackig, unregelmäßig und phantastisch – es waltet eine gewisse Milde, eine eigentümlich sichere Ruhe in diesen mehr breiten, terrassenartig sich erhebenden Massen. Der vorherrschende Charakter, zumal bei entsprechender Beleuchtung, möchte in der Wirklichkeit kaum etwas Analoges finden; Oxford in einer gewissen Entfernung gesehen, liegt da wie eine Landschaft Poussins oder Claude Lorrains. Dieser Vergleich erscheint vielleicht etwas kühn und etwas gesucht; er ist aber nicht meine Erfindung, sondern eine, nach der malerischen Seite hin, gang und gebe Charakterisierung Oxfords, der man in England oft begegnet. Noch einmal, die horizontale Linie herrscht vor, und jene fünfzig akademischen Gebäude, »Colleges« genannt, geben der Stadt äußerlich ihr Gepräge (…).

»Wanderungen durch England und Schottland. Oxford. I. Die Stadt Oxford – Vergleich mit Nürnberg und Oxford.« – In der Universitätsstadt Oxford wurde bereits 1878 ein eigenes Frauen-College eingerichtet. Auch Fontane war bemüht, seiner einzigen Tochter Martha eine Berufsausbildung zu ermöglichen. Entgegen dem Usus, sie früh zu verheiraten, durchlief sie die höhere Mädchenschule und besuchte von 1876–1878 das »Lehrerinnen-Seminar. Als Zehnjährige hielt sie sich ein Jahr lang der Sprache wegen im englischen Fulbourn bei der befreundeten Familie Merington auf.

All Soul College, Oxford

Walter Scott, in einer schwachen Stunde, in der er seinem schottischen Hyperpatriotismus durch einige Verbindlichkeiten die gegen England vorstoßende Spitze abbrechen wollte, hat sich zu der Bemerkung hinreißen lassen, daß Edinburg die allerschönste Stadt der drei Königreiche sei, wenn nicht vielleicht Oxford ihm diesen Rang erfolgreich streitig mache. Dieser Satz ist begierig aufgegriffen worden, und die Engländer betrachten es jetzt als eine offene Frage, ob man Oxford oder Edinburg den Preis zuerkennen wolle. So liegt die Sache aber keineswegs. Oxford ist schön und reich und prächtig und, was mehr ist, auch völlig originell in seiner ganzen Erscheinung. Es ist ein Unikum, es gibt nur ein Oxford. Aber hiermit ist das Verzeichnis seiner Vorzüge erschöpft; so schön es ist, es reißt nicht hin, es bewältigt nicht, weil man in jedem Augenblick noch das Gefühl hat, zwischen den Gebilden der Menschenhand, zwischen Schöpfungen aus Stein und Mörtel einherzuwandeln. Wer aber zum ersten Male von Princess-Street aus Alt-Edinburg vor sich erblickt, der erkennt den vollen Unterschied und weiß ein für allemal, wohin die Waage sich neigt.

»Wanderungen durch England und Schottland. Oxford. I. Die Stadt Oxford – Vergleich mit Nürnberg und Oxford.« – Theodor Fontane verehrte den schottischen Schriftsteller und Dichter Sir Walter Scott (1771–1832) außerordentlich und titulierte ihn den »Shakespeare der Erzählung«. Als so genannter »Vater des Historischen Romans« beeinflusste Scott Autoren wie Honoré de Balzac, Wilhelm Hauff, Victor Hugo und nicht zuletzt auch Fontane.

Edinburgh

Auf grauen Felsen steigen graue, acht Stock hohe Felsenhäuser in die Luft, phantastisch schnörkelt sich, einer silbergrauen Brautkrone nicht unähnlich, der Turm von St. Giles über die Häuser empor, und gemeinschaftlich über dem Ganzen liegt jener graue Nebelschleier, der den Zauber dieser nordischen Schönheitsstadt vollendet. Der Reiz der Farbe fehlt, aber man vermißt ihn nicht, ja erschrecken würd' es uns, den vollendeten Karton, der vor uns liegt, in einen Buntfarbendruck verwandelt zu sehen. Das Grau dieser Häuser entspricht jenem unbestimmten Farbenton, der uns inmitten alter Dome so oft entzückt und zur Andacht gestimmt hat.

Nicht die Farbe würde die Wirkung der vor uns liegenden Altstadt von Edinburg erhöhn, aber was die Farbe nicht vermöchte, das vermag das Zauberspiel von Schatten und Licht. Allabendlich, wenn die Nebel sich dunkler zu färben beginnen und die grauschwarze Steinwand der Häuser mit den grauschwarzen Nebeln allmählich in eins zusammenfließt, blitzen plötzlich Lichter aus diesem Chaos heraus, und immer heller, zahlreicher werdend, durchleuchten sie endlich die aus Nacht und Nebel gewobene Hülle, die nun wieder von ihrem dunklen Hintergrunde sich loslösend, wie ein durchsichtiger Schleier um die immer schwärzer werdenden Häuser schwebt. Wenn dann vom Schloß herab durch die stillgewordene Nacht die Hornsignale in langen Tönen ziehn, beschleicht es uns, als ob das Ganze eine Zauberschöpfung sei, die ein Klang ins Dasein rief und die verschwinden muß, sobald der letzte Ton erstirbt.

»Jenseit des Tweed. Johnstons Hotel. Erster Gang in die Stadt.« – Am 10. August 1858 erreichen Theodor Fontane und sein langjähriger Freund, der Schriftsteller Bernhard von Lepel, Edinburgh. Sie unternehmen eine zweiwöchige Reise durch Schottland, die Fontane als »eine der schönsten« beschreibt. Im März 1860 erscheinen die gesammelten Reiseberichte unter dem Titel »Jenseit des Tweed« beim Berliner Verlag Springer, nachdem der Verlag Lorck in Leipzig die Herausgabe abgelehnt hatte.

Altstadt von Edinburgh

Der Loch Lomond ist eine schöne, noble Wasserfläche, und es kommt ihm zu, daß er »der König der Seen« heißt. Dies ist jedoch mehr sein Ehrentitel als sein Name; die eigentliche Bedeutung von Loch Lomond ist »der inselreiche See«. Er ist groß und wasserreich, und die Inseln schwimmen auf ihm wie große Nymphäenblätter. Selbst die Berge an seinen Ufern scheinen ihn nicht gebieterisch einzudämmen, sondern gleichen Satelliten, die ihn umstehen und begleiten. Die Stellung dieser schönen Berge, die sich bis dreitausend Fuß hoch erheben, ist nämlich der Art, daß man immer in ihrem Kreistanz bleibt und sie jederzeit um sich hat wie den Mond, wenn man in einer klaren Nacht meilenweit durch die Felder fährt.

»Jenseit des Tweed. Von Oban bis zum Loch Lomond. Rückkehr nach Edinburg.« – Auf der Rückfahrt vom See Loch Lomond kommen Theodor Fontane und Bernhard von Lepel mit der mitreisenden Irin Arabella Fitzpatrick ins Gespräch. Sie bittet Bernhard von Lepel, ihr einen Vers ins Notizbuch zu schreiben, den Fontane anschließend ins Englische übersetzt. Fasziniert voneinander genießen die Drei die Fahrt und zitieren Verse aus Thomas Moores »Irish Melodies«.

Loch Lomond

Wir brachen früh auf von Edinburg. Ich werde dieses schönen Tages nicht leicht vergessen. Wenn es schon ein Glück war, die ersten zu sein, die auf einer bis dahin ziemlich beschwerlichen Tour die eben eröffnete Eisenbahn benützen konnten, so war dies günstige Ungefähr doch nur das Zeichen, das Vorspiel eines glücklichen Tages. Wer kennt nicht die Stimmung, die uns beschleicht, wenn wir zur Sommerszeit am Abhange eines Waldes ausruhen, hinausblicken auf eine sonnenbeschienene Wiese, hinaufblicken in den Himmel, daran dünne Wolken ziehen, und aus Wald und Feld her rätselhafte Laute vernehmen, als spräche die Natur? Ein Träumen kommt über uns; wir denken nichts Bestimmtes, wir fühlen nichts Bestimmtes, aber die süße Gewohnheit des Daseins zieht wie mit doppelter Süße durch unser Herz. Diese Stimmung war es, die mich den Tag über begleitete; die Klänge eines alten Liedes schmeichelten sich in mein Ohr.

»Jenseit des Tweed. Lochleven-Castle.« – Diese Impressionen schrieb Fontane unter dem Eindruck seiner Reise im Jahr 1859 nach Lochleven-Castle, das er so verlangend zu sehen suchte. Ein Grund für seinen Wunsch war die tragische Geschichte der Königin Maria Stuart, die fast ein Jahr lang im Schloss von Lochleven gefangen gehalten worden war. Die Presse druckt Fontanes Reisebericht einen Tag vor Weihnachten 1859 ab.

Naturklänge

Lepel traf Anfang August hier ein; einige Tage später traten wir unsre Reise nach Schottland an. Es waren schöne Tage (16), und wenn ich, so Gott mich leben läßt, längst ein alter Krepel sein werde, der die Vossische liest und »bei Odeums« Kaffee trinkt, werd' ich alten Staatshämorrhöidarien mit einem letzten Rest von Feuer – während sie ihre Sechser-Cigarre rauchen – von Edinburg erzählen und von Stirling und Perth, und von Inverneß und dem Schlosse Macbeths, drin König Duncan ermordet wurde. Wenn dann die alten Jungen das Maul aufsperren und die letzten Haare, die ihnen Gott gelassen hat, sich in die Höhe sträuben, werd ich dieser schottischen Reise, an der Hand eines lieben und nachsichtigen Freundes, in Wehmut und Dankbarkeit gedenken und mit größrer Dankbarkeit vielleicht als in diesem Augenblick, wo mich eine Reihe unerfüllter Wünsche mehr beschäftigen als das, was genossen ist und hinter mir liegt, und wo die Schwere englischer Luft aller Freude den rechten Lebensatem nimmt.

Brief an seine Mutter, London, 17. September 1858 – Nach Fontanes Rundreise durch Schottland, deren Erlebnisse er in Form eines Reisetagebuchs niederschreibt, erschwert sich sein Aufenthalt in England zusehends. In Briefen beklagt er sein Leben in London als »literarisch unproduktiv«. Als Ende 1858 die Ablösung des preußischen Ministerpräsidenten Otto von Manteuffel, Fontanes Arbeitgeber in London, erfolgt, kündigt Fontane und reist im Januar 1859 nach Deutschland zurück. Er wird England Zeit seines Lebens nicht mehr wiedersehen.

Verfallenes Schloss am Loch Leven

Die schottischen Hochlande (the Highlands of Scotland) bilden die tausendfach ausgezackte Felsenkrone, die das aufrecht und majestätisch im Weltmeer dastehende England auf seinem königlichen Haupte trägt. Den Mittelpunkt dieses Hochlandes bilden die Grampians, eine granitne Felsmasse, die sich von Norden her in südöstlicher Richtung durchs Land zieht und von ihren höchsten Punkten aus die Brandung zweier Meere überblickt, der Nordsee im Osten und des Atlantischen Ozeans im Westen. Diese Hochlande, ein Stück Land, nicht viel umfangreicher als unsere Provinz Brandenburg und mit kaum mehr Bewohnern als unsere Stadt Berlin, sind über die ganze Welt hin berühmt geworden durch die poetische Glorifizierung, die sie erfahren haben, Land und Leute sowohl wie Sitte und Geschichte.
Ich spreche zuerst von dem Lande selbst, d.h. von dem Landschaftlichen des Hochlands. Die Schönheit seiner Küsten und Inseln, seiner Seen und Berge ist unbestreitbar groß, aber vielleicht doch nicht so groß, wie mancher versucht sein könnte, aus Walter Scottschen Schilderungen herzuleiten. Nicht als ob diese Schilderungen der Wahrheit selbst entbehrten, gegenteils, sie zeichnen sich fast immer durch eine daguerreotypische Treue aus, die neben so vielem anderen zur Bewunderung hinreißen muß; aber es bleibt beim Leser selbst jener verzeihliche Irrtum nicht aus, der die Schilderung mit dem Geschilderten unwissentlich verwechselt und die Makellosigkeit, den Schwung und imposanten Vollklang der poetischen Beschreibung auf das beschriebene Objekt überträgt.

»Reisebericht: Das schottische Hochland und seine Bewohner« – Ab dem 11. Januar 1860 hält Fontane in Berlin Vorlesungen zu England und Schottland. Hierfür benötigt er die Erlaubnis, öffentliche Vorträge halten zu dürfen, die ihm am 28. Dezember 1859 vom Polizeipräsident von Berlin erteilt wird. Es wird lediglich die Auflage erhoben, diese Veranstaltungen jeweils 24 Stunden zuvor polizeilich anzumelden.

Wanderer in den Highlands of Scotland

Der heutige Tag sollte mich nach Frederikshavn führen, und morgen

– bis nach Skagen
Wollt ich es wagen
Den Fuß zu tragen; –
Aber Wind und Wolken jagen
Und haben beschlossen, »nein« zu sagen.

Da mich der Eigensinn nicht drückt, am wenigsten auf Reisen, so hab ich mich drin ergeben, meiner Nordlandsfahrt die Spitze abgebrochen zu sehen, und muß mich mit Kaiser Otto trösten, der seinen Speer auch nur in den Limfjord tauchen konnte. Die wider Willen gewonnene Zeit kommt nun meinem Aalborger Aufenthalt zugut, der inzwischen seinen peinlichen Charakter verloren hat. Die »Tydsker« sind keineswegs so schlecht angeschrieben, wie ich gestern nach einem tödlichen Schweige-Table-d'hôte glauben mußte.

»Unterwegs und wieder daheim. Reisebriefe aus Jütland – Aalborg, 17. September 1864« – Im Mai und September 1864 bereist Theodor Fontane die dänischen Kriegsschauplätze des Deutsch-Dänischen Krieges, der auch Zweiter Schleswig-Holsteinischer Krieg genannt wird. Fontanes Reise-Aufzeichnungen bilden die Grundlage für sein Werk »Der Schleswig-Holsteinische Krieg im Jahre 1864«, das 1866 im Verlag der Königlichen Geheimen Ober-Hofbuchdruckerei Berlin erscheint.

Aufkommendes Wetter

Bei Lögstör, das ziemlich genau am Mittellauf des Limfjord liegt, hat dieser seine schmalste Stelle; unmittelbar dahinter aber beginnt andererseits seine größte, mit bewohnten und unbewohnten Inseln geschmückte Ausbuchtung, die den Namen der Lögstörer Breite (Lögstör Bredning) führt. Das Befahren dieses schönen Sees, der eine Ausdehnung von mehr als 6 Quadratmeilen hat, ist eine Freude und bietet Bilder, wie sie das Auge nicht wieder vergißt. Das einzelne am Ufer verschwindet, und nur die Farben und Linien des Ganzen wirken noch. Es ist ein Panorama, halb Loch Lomond, halb Stettiner Haff. Fassen wir Aalborg als Stettin und die ersten 6 Meilen des Limfjord als Oder und Papenwasser (beide ja auch von Hügeln und Dörfern eingefaßt), so sind wir bei Lögstör in die volle Breite des Haffes eingetreten, aus dem, wie die Oder dort, so der Limfjord hier in drei Wasserstraßen seinen Abfluß nimmt. Zwei Inseln, die sich vor die Mündung legen, erzwingen diese Dreiteilung, und wie dort Usedom und Wollin die Odermündung in Peene, Swine und Divenow teilen, so teilen hier die Inseln Mors und Sallingland den Limfjord in einen Thisted-, einen Nyköbing- und einen Skive-Sund. Überhaupt erinnern diese Landesteile, insonderheit die Inseln und Halbinseln am Limfjord hin – und zwar sowohl zurückgreifend in Sage und Geschichte wie auch gegenwärtig in Erscheinung und Lebensweise der kleinen Städte – außerordentlich an die drei pommerschen Inseln, an Rügen, Usedom und Wollin, vorzüglich an die letzteren beiden.

»Unterwegs und wieder daheim. Reisebriefe aus Jütland – Skive, 20. September 1864« – Theodor Fontane zeigt in Dänemark großes Interesse an Gesprächen mit Einheimischen und Reisenden, darunter Küster, Wirtsleute, Handelsreisende. Im Aalborger »Phoenix« plaudert er mit dem Wirt Christensen über (Eduard) Vogel von Falckenstein (1797–1885). Der ist seit Dezember 1863 im Deutsch-Dänischen Krieg Chef des Generalstabs der verbündeten österreich-ungarischen und preußischen Truppen. Während der Märzrevolution 1848 hatten von Falkenstein und Fontane in Berlin an den Kämpfen teilgenommen – als Gegner.

Limfjord

Veile, Kolding, Fridericia bilden die Endpunkte eines Dreiecks, innerhalb dessen, auf dem Raum weniger Quadratmeilen, sich das »malerische Jütland« zusammenfindet. Als schönster Punkt dieses Dreiecks ist mir die Gudsö-Bucht erschienen, die wieder ihrerseits eine nördliche Abzweigung der großen Koldinger Förde ist. Das über Meilen sich hin erstreckende Panorama, das sich dem Auge hier darbietet, ist ersten Ranges und übertrifft selbst die vielgenannten Hügelpartien von Veile, die sogenannte »Jütische Schweiz«. Etwa halben Wegs zwischen Fridericia und Kolding erreicht man das Dorf Gudsö, von wo man aus eine Viertelstunde lang bergan fährt, immer das Landschaftsbild zur Linken, dessen Ausdehnung und Schönheit von Minute zu Minute wachsen. Weithin dehnt sich die Bucht; Dörfer, Äcker, Weideland wechseln ab mit Buchenwaldung, die, auf halbinselartigen Vorsprüngen, bis mitten in die Bucht hineinragt. Etwa eine Meile abwärts steigt ein befestigtes, schanzartig abgeglättetes Inselchen auf, Fanö Kalv, wenn ich nicht irre, dessen rotbraune Wände mit dem tiefen Blau der Bucht harmonisch zusammenstimmen. Am Horizont schließen die Hügelufer von Fanö und Fünen das prächtige Bild.
An der landschaftlichen Schönheit dieses Dreiecks: Veile, Kolding, Fridericia, nehmen die Städte selber zu einem gewissen Grade teil; namentlich Kolding, dessen die Stadt überragende Schloßruine von großer malerischer Wirkung ist.

»Unterwegs und wieder daheim. Reisebriefe aus Jütland – Fridericia, 28. September 1864« – Obgleich Fontanes Aufzeichnungen in Teilen den Eindruck von Reiseliteratur vermitteln, arbeitet er im Auftrag des Königlichen Geheimen Ober-Hofbuchdruckers Rudolf von Decker am Kriegsbuch »Der Schleswig-Holsteinische Krieg im Jahre 1864«. Er besucht am 22. September 1864 in Skanderborg das 4. Garderegiment, in Veile das kleine Schlachtfeld und in Kolding das ausgebrannte Schloss.

Jütländische Hügelpartie

Unter den Nachbarstädten Kopenhagens, die jeder gesehen haben muß, der überhaupt der dänischen Hauptstadt seinen Besuch machte, stehen Helsingör und Roskilde obenan. Welchen von beiden der Preis gebührt, ist schwer zu sagen; wer den Landschaftssinn hat, gehe nach Helsingör, wer den historischen Sinn hat, gehe nach Roskilde. Dort das Sund-Panorama und ein Schloß, das die Phantasie selber gebaut zu haben scheint; hier eine flache Landschaft ohne besonderen Reiz, aber in ihr der Roskilder Dom mit seinen hundert Särgen und in den hundert Särgen die Geschichte des Landes Dänemark. (...) Roskilde ist nichts, aber seine Domkirche ist alles. Man erblickt sie schon, wiewohl nicht auf weite Entfernung hin, von der Eisenbahn aus, und der Eindruck, den sie zunächst macht, ist der eines mächtigen gotischen Baues; zwei Spitztürme schließen das Schiff nach Westen hin ab, ein dritter Turm, von entsprechender Form, wächst aus der Mitte des Baues auf, und zahlreiche Giebel, namentlich der Kapellen, Wappen- und Kapitelhäuser, die den ganzen Westteil der Kirche umstehen, vervollständigen den Eindruck, daß es ein gotischer Dom sei, dem wir uns nähern. Dieser erste Eindruck trügt aber. Diese Giebel und Türme, die in die Ferne wirken, sind nur Anfügungen aus einer späteren Zeit, während die ursprüngliche alte Domkirche nicht nur als ein romanischer Rundbogen-Bau ins Leben trat, sondern den entsprechenden Charakter auch durch die Jahrhunderte hin völlig intakt zu bewahren gewußt hat. Die ganze Osthälfte der Kirche: das Querschiff, der hohe Chor und vor allem der Außenbau, der sich hufeisenförmig um den hohen Chor herumlegt, zeigen einen konsequent durchgeführten Rundbogenstil bis diesen Tag. Der Total-Eindruck, den die Kirche hervorruft, ist nicht überwältigend, wie der Anblick einzelner anderer Dome, des Mailänder, des Kölner oder der Kathedralen von Amiens und Canterbury, aber er ist imposant und gefällig zugleich.

»Aufsatz: Roeskilde. 1. Die Stadt Roeskilde. Der Dom. Sein Altar und Baustil.« – Die Reiseberichte zu Roskilde und Kopenhagen verfasst Fontane erst nach seiner Rückkehr aus Dänemark. Hierfür greift er auch auf andere Literatur zurück, wie z.B. Saxo Grammaticus, einen altdänischen Geschichtsschreiber, oder die Reichsgeschichte des Ludvig Holberg.

Dom von Roskilde

Klampenborg (auch Eisenbahnstation) ist überhaupt Station für alle diejenigen, die nicht nördlicher hinauf ihre Fahrt fortsetzen, sondern das Sundpanorama, das der Strandweg ihnen bietet, mit Waldlandschaft vertauschen wollen. Man biegt links ein in den dichten Buchenwald, fährt eine kurze Strecke unter den grünen Laubengängen hin und erreicht alsbald eine offene Stelle, eine große Waldwiese, die den Namen die »Plaine« führt. Es ist ein alter historischer Grund und Boden. Ein Teil derselben hieß früher der Kjämpering und war etwa dasselbe, was in England seinerzeit Runnymede war, die Stelle, auf der Gericht gehalten wurde. Der Anblick, den diese »Plaine« bietet, ist von großer und eigentümlicher Schönheit, zumal um die Zeit des Sonnenunterganges. Wir traten aus dem Walde heraus, als eben der Sonnenball nach links hin über den Wipfeln hing, und ringsum eingefaßt von einem halb in Nebel verschwindenden Kranz von Buchen, lag auf eine halbe Meile hin nichts anderes vor uns als Wiese, Sonnenglanz und Einsamkeit. Mitten aus dieser stillen Insel, halb schon in Dunkel gelegen, halb noch von der Sonne beschienen, stieg ein Schloß auf – die Eremitage.

»Aufsatz: Kopenhagen. VII Der Tiergarten. Die Eremitage.« – Das Jagdschloss Eremitage besucht Theodor Fontane am 14. September 1864 mit der Familie Quehl, deren Gast er ist. Dr. Ryno Quehl war von 1850–1853 Herausgeber der »Preußischen (Adler-) Zeitung« und Leiter der »Centralstelle für Preßangelegenheiten« und damit Fontanes Vorgesetzter während seines England-Aufenthaltes.

Eremitage

Der Norden hat einige Zauberschlösser. Zu diesen gehören in erster Reihe: Edinburg Castle, Frederiksborg und Schloß Helsingör. Alle drei sind ebensosehr durch ihre Lage wie durch Sage und Geschichte ausgezeichnet, und eine gewisse Phantastik der Formen kommt hinzu, um sie uns beinahe mehr noch als »Schlösser der Romantik« wie als Königsschlösser erscheinen zu lassen. Freilich, wie die Romantik selber, bedürfen sie eines gewissen clair obscur; das Licht ist der Feind der Phantastik, und Edinburg Castle, Frederiksborg und Helsingör sind am schönsten unter Nebelschleiern, wenn die Schloßfenster von der untergehenden Sonne oder spät am Abend von hundert Lichtern schimmern. Zu diesen Zauberschlössern des Nordens gehört auch Schloß Rosenborg. Wohl eingedenk oft gemachter Erfahrungen, wie ich sie vorstehend ausgesprochen, machte ich meinen ersten Besuch um die Dämmerstunde. Die Sonne war eben unter, ein grauer Ton lag über Schloß und Park, dazu völlige Stille ringsum. Die Schildwacht neben der Statue König Christians stand so regungslos wie die Statue selber, kein Windzug ging, die Pappeln, die blaßgelben Malven am Staket, nichts rührte sich; nur Resedaduft, von den Gartenbeeten her, lag betäubend um das Schloß her, dessen rote Wände, kleinfenstrig und mit vorspringenden Schnörkeltürmen, in den Abendhimmel aufstiegen. So schön habe ich Schloß Rosenborg nicht wiedergesehen.

»Aufsatz: Kopenhagen. VIII Schloß Rosenborg.« – Theodor Fontane besucht Schloss Rosenborg gleich zwei Male während seines Kopenhagen-Aufenthalts. Am 15. September 1864 wird ihm nach vorheriger Anmeldung erlaubt, auch das Innere der einstigen königlichen Residenz zu besichtigen. Ein Kollegienassessor führt Fontane durch die Räume des Museums. Der Eintritt kostet ihn drei dänische Taler.

Schloss Rosenborg

Um 9 zum Helsingör Dampfschiff. Es war der »Hamlet«; Horatio kam eben an, als wir Miene machten, abzufahren. (...)
Schön wurde es, als die dänische Flotte und Schloß Helsingör in Sicht kam; um diesen alten Bau ist allerdings ein Zauber. Alles vereinigt sich hier dazu: eine der großen Welt- und Handelsstraßen, das Zusammentreffen von Kattegat und Sund, die eigentümliche Schönheit des alten Schlosses selbst (wie geschaffen für solchen Prunk) die historischen Erinnerungen und die poetische Glorie, die Shakespeare darüber ausgegossen. Auch die Stadt mit ihrer St. Annen-Kirche und einer anderen kleineren (wahrscheinlich Sophien-Kirche) liegt sehr malerisch da. Dazu kam noch, daß eine Staubwolke über der Stadt stand, die, weil die Sonne grade ihr Licht darauf warf, alle Regenbogen-Farben zeigte, aber nur nicht bandartig, sondern eine prismatisch gefärbte durchsichtige Nebelwolke. Dies war zauberhaft, und die Bastionen, Mauern und Türme des Schlosses schimmerten in immer wechselnden Übergängen in rot, gelb, grün und blau. Dieselben Farben beobachtete ich nachher vielfach auch auf der Wasserfläche, besonders im Kattegat, so daß, wie man anderen Orts einen goldenen Lichtstreifen über dem Wasser sieht, so lag hier dies Licht aufgelöst in seine Farben auf dem Wasser.

Tagebucheintrag vom 13. September 1864 – Theodor Fontane erreicht mit dem Schiff die Stadt Helsingör, die als Schauplatz für Shakespeares »Hamlet« bekannt ist. Er besichtigt vor Ort das Schloss und resümiert dessen Umgebung mit seinem Farbenspiel als »eine Stelle zum Dichten«.

Schloss Helsingör

Ins Thorwaldsen-Museum. Wunderschön; über alle Erwartung hinaus ergreifend und entzückend. Namentlich alles was Amor, die Grazien und die drei Göttinnen, insonderheit Venus angeht, so muß auch eine Laie das Entzückende dieser Sachen herausfühlen. Ihr Zauber ist das Naive, die scheinbar Leichtigkeit, das unendliche Behagen mit dem dies alles gemacht ist. Dabei geht ein Zug des Schelmischen, des humoristisch-Heitren durch diese ganze Art der Produktion. All das andre (die Büsten und Statuen) ist unendlich langweilig dagegen. Und doch ist es auch groß in seiner Weise. Mitten auf dem steingedeckten Hofe ruht er einfach unter Blumen und dichtem Efeu; an der Wand Palmen und Lorbeer (gemalt) und al fresco Darstellungen. Das Ganze allerdings großartig und ein berechtigter Stolz.

»Aufsatz: Kopenhagen. II Das Thorwaldsen-Museum« – Theodor Fontane besucht während seines Kopenhagen-Aufenthalts im September 1864 auch das Thorwaldsen-Museum. Das älteste Museum Dänemarks entlockt Fontane die Aussage »der Vorrat von Bewunderungsadjektiven, der unserer Sprache zur Verfügung steht, war rasch erschöpft«. Seine Berichte erscheinen bis zum 16. April 1865 als Reisefeuilletons über Kopenhagen im »Morgenblatt für gebildete Leser«.

Drei Grazien

Wider Wunsch und Willen in die Cathedrale hineingeraten, beschloß ich jetzt, eine Stunde in ihr zu bleiben. Ich schritt von dem Chorgitter aus, wohin ich dem Zuge gefolgt war, wieder bis an das große Portal zurück, machte kehrt und sah nun das Mittelschiff hinunter über den Hochaltar fort, bis in die dahintergelegene, den ganzen Bau nach Osten hin abschließende Kapelle hinein, deren großes Glasfenster, wie eine Juwelenwand, dunkelleuchtend vor mir stand. Die Wirkung war sehr bedeutend, magisch, ganz besonders dadurch, daß man nicht unmittelbar, sondern durch einen offenen Spitzbogen des hohen Chors (der nun wie ein vorgestelltes, einrahmendes Tor wirkte) auf dies, die ganze Mittelkirche beherrschende Fenster blickte. Der Umstand, daß ich selber in einem breiten, vom Portal her einfallenden Lichtstreifen stand, während die ganze übrige Kirche in einem grauen, nur hier und dort farbig durchblitzten Dämmer lag, steigerte die Wirkung des Ganzen.

»Aus den Tagen der Occupation – Eine Osterreise durch Nordfrankreich und Elsaß-Lothringen. Reims.« – Fontane plant seine Frankreichreise für den Herbst 1870, um die Kriegsschauplätze aufzusuchen und darüber zu berichten. Irrtümlich gerät er als preußischer Spion in Gefangenschaft. Er wird vom Militärgericht freigesprochen und auf die Atlantikinsel Oléron als »prisonnier de guerre« (Kriegsgefangener) gebracht. Über Fontanes Freilassung wird lange spekuliert, ob eine Intervention Otto von Bismarcks diese beschleunigt hätte. Seine Erlebnisse beschreibt er in seinem Buch »Kriegsgefangen. Erlebtes 1870«, das im Februar 1871 von Rudolf von Decker verlegt wird.

Kathedrale von Reims

Zu unseren Füßen, eine Halbinsel bildend, zog die Seine eine mächtige Schleife, an deren Ufern, nach außen und innen zu, Argenteuil und Gennevilliers, Colombes und Asnières im funkelnden Sonnenlichte lagen. Lachendstes, friedlichstes Bild. (…) Zugleich hüllte sich der Ehrenbreitstein-artig daliegende Mont Valerien in weiße Rauchwolken und in der nächsten Sekunde rollte ein dumpfer Donner erst über die Landschaft und dann langsam über das Häusermeer von Paris hin.
So verging eine Viertelstunde. Wir plauderten; wir berechneten die Chancen des Erfolges; da gewahrten wir, beinah plötzlich, wie von drüben her ein Gewittersturm dunkle Wolkenmassen gegen die Hauptstadt herantrieb. Der Horizont rückte näher und näher, und die immer rascher auf uns zukommende Regenwand löschte bereits strichweise die weißen Häusermassen aus. Jetzt war auch die goldene Kuppel der Invaliden, jetzt der Arc de Triomphe verschwunden, und kaum 10 Sekunden später standen wir selbst wie unter einem Wolkenbruch.

»Aus den Tagen der Occupation – Eine Osterreise durch Nordfrankreich und Elsaß-Lothringen. Die Mühle von Sannois.« – Am 9. April 1871 und damit nach Kriegsende reist Fontane ein weiteres Mal nach Frankreich. Er ist sechs Wochen unterwegs. Seine Berichte handeln einerseits von den Stationen des Feldzuges, andererseits von Kirchen kleiner Orte und den Gesprächen von Mitreisenden. Die Ortsbeschreibungen sind geprägt von den Schwärmereien eines Kunstliebhabers. Trotz seiner im Jahr zuvor erlebten Gefangenschaft charakterisiert er die Franzosen mit Sympathie.

Blick über die Seine, Paris

Die Amiens-Cathedrale ist ein Kind des 13. Jahrhunderts wie die Cathedrale von Reims. Napoleon I., als er in jene eintrat, fragte: »ein Atheist sollte Mühe haben, hier Stand zu halten.« (...)
Die Turmspitzen der beiden großen Westtürme fehlen hier wie beinahe überall; aber ein schöner schlanker Mittelturm wächst aus der Mitte der Kirche empor. Er hat eine Höhe von nah an 450 Fuß, zählt also zu den höchsten Türmen, die wir besitzen. Zu Beginn 1806 (die Drei-Kaiser-Schlacht war eben geschlagen), als der Empereur-Enthusiasmus auf seiner Höhe stand, erkletterte Bruno Basseur den Turm bis zur höchsten Stangenspitze und schrieb den Namen des Kaisers, unter ermeßlichem Volksjubel, auf die Brust des Wetterhahns. Die Lorbeeren jener Stunde ließen einen andern Braven, einen Stadtmusikanten von Amiens, nicht schlafen und er ruhte nicht eher, als bis er, unter Anlehnung an eben diesen Wetterhahn, ein Violin-Solo dort oben gespielt hatte. Dergleichen kann nur in Frankreich vorkommen.

»Aus den Tagen der Occupation – Eine Osterreise durch Nordfrankreich und Elsaß-Lothringen. Amiens. Stadt. Cathedrale.« – Zwei Stunden verbringt Theodor Fontane in der Kathedrale Notre Dame d'Amiens, um im Nachgang vergleichend zu erklären: »(...) als Ganzes aber übertrifft sie vielleicht alle; (...)« Der Sakralbau, der mit 42,30 Metern das höchste Mittelschiffgewölbe aller französischen Kirchen aufweist, war unter anderem bauliches Vorbild für den Dom in Köln. Als letzterer 1880 eingeweiht wurde, pries Fontane die Kathedrale in seinem Gedicht »Zum Kölner Domfest« als Symbol deutscher Einigung.

Kathedrale Notre-Dame, Amiens

Rouen ist entzückend. Ich hatt' es im Geiste immer nur im Qualm und Rauch jenes Scheiterhaufens gesehn, auf dem einst die lieblichste und zugleich erhabenste Gestalt aller Geschichte: »die Jungfrau« stand und ihre Treue besiegelte; – aber das wirkliche Rouen ist eine lachende Stadt: breit, heiter, königlich, liegt es hingestreckt an den Ufern der unteren Seine. (...)
Die Cathedrale wirkt mehr durch das Imposante ihrer Erscheinung, wie durch ihre Schönheit. Es ist schwer, einen Vergleich für sie zu finden. Wenn man nicht in die Details gehen und nur eine allererste Empfindung befragen will, so wird man an den Straßburger Münster erinnert.

»Aus den Tagen der Occupation – Eine Osterreise durch Nordfrankreich und Elsaß-Lothringen. Rouen.« – Fontane erklärt in einem Brief an seine Frau Emilie vom 27. April 1871 die Orte Rouen und Dieppe als »die reizendsten Punkte meiner Reise bis jetzt«. Er erwähnt seinen Besuch am Grab von Alexandre Dumas. Er sendet einige Blüten von dessen Grab mit und bittet, sie an »Ludchen« weiterzusenden – gemeint ist die Romanschriftstellerin Ludovica Hesekiel, die im regen Briefwechsel mit Fontane steht.

Rouen an der Seine

Unmittelbar draußen lag die »Promenade«; dahinter das bis dahin nur gefühlte Meer. Ich vermied es auch jetzt noch hinauszugehn. »Alles zu seiner Zeit.« Ich hatte vorläufig eine andere Aufgabe, die, dem innerhalb der Stadt gelegenen Hafenbassin einen ersten Besuch zu machen. (...)
Wer die Erinnerung an Peene-, Swine-, Warnemünde, oder wenn es hoch kommt, an den Heiligen Damm von Doberan als Ideal in seiner Seele trägt, der kann hier von der Wogenpracht des »Atlantic« und dem Zauber von Schloß-Dieppe schwärmen, wer aber die Kreideklippen der englischen Südküste und die Städte kennt, die wie Reihen von Palast-Villen amphitheatralisch an diesen Kreideklippen aufsteigen, der wird dies Dieppe nur als eine verblaßte Reminiszenz hinnehmen können.

»Aus den Tagen der Occupation – Eine Osterreise durch Nordfrankreich und Elsaß-Lothringen. Dieppe.« – Bevor Fontane mit dem Zug weiter nach Dieppe unterwegs ist, trifft er in Rouen am Abend zuvor Otto Roquette im Speisesaal des Bahnhofs. Dieser ist wie Fontane Schriftsteller hugenottischer Abstammung. Einen brieflichen und gesellschaftlichen Umgang pflegen die beiden Männer seit ihrer gemeinsamen Mitgliedschaft der literarischen Gesellschaft »Rütli« 1852.

Dieppe, Kreidefelsen

Sonnabend d. 4. September
Frühstück im Hôtel. Gang in die Stadt: die Burg, der Ring, einige Parks, Aspern-Brücke, Leopoldstadt und wieder ins Hôtel. Am Abend ins Theater; Uriel Acosta, Fräulein *Frank* als Judith

Sonntag d. 5. Septemb.
Wie am Tage vorher flaniert, Kaffee getrunken und Eis gegessen. In die Hofkapelle zum Hochamt; nach St. Stephan; in die Kapuziner-Gruft; nach dem Belvedere; nach dem Prater; ins Theater: *Arria und Messalina,* Frl. Wolter als Messalina. Tee getrunken im Café Daum. Nach Haus.

Montag d. 6. Sept.
Gepackt. Gefrühstückt bei Daum; kleine Einkäufe; wieder Regenwetter. Ins Hôtel, gefrühstückt, gezahlt. Abreise von Wien 1 Uhr 48 Min. über Brünn, Prag, Dresden. Ankunft in Berlin am 7. *September 8 ½* Uhr früh.

Tagebucheinträge vom 4.–6. September 1875 – Nüchtern handelt Fontane Wien ab, die Stadt, die er 1875 im Rahmen seiner Silberhochzeitsreise mit Ehefrau Emilie besucht. Die Ambivalenz seiner Gefühle zu Wien erklärt wohl kaum ein Zitat besser als seine Aussage zum Wohnsitz Berlin, die er bereits am 28. Juni 1860 in einem Brief an den Schriftsteller Paul Heyse trifft: »(...) leb ich aber doch lieber hier als an irgendeiner andern deutschen Residenz, nur Wien könnte mich verführen, wenn es nicht gerade wiederum Wien wäre.«

Stephansdom, Wien

Die ganze Welt der Erscheinungen ist nicht dazu da, um Malern und Poeten wünschenswerte und bequem liegende Stoffe zu bieten, sondern um überhaupt zu befriedigen und zu erfreuen. Das Leben stellt vielfach andre Forderungen als die Kunst, und Individuen wie Staaten gehen zugrunde, die dies übersehn. Wem diese Wahrheit zu Fleisch und Blut geworden ist, der wird auf Venedig blicken, wie ich noch in der letzten Stunde auf ein wunderschönes Frauenzimmer blickte, die aus dem 2. Stock eines halbverfallenen Hauses träumerisch-faul mit tief und dumm schmachtendem Auge uns nachsah, als unsre Gondel an den Wasserstiegen des schmalen Kanals vorüberfuhr. Sie war so schön, wie ich selten Weiber gesehn habe, und das halbgekräuselte schwarze Haar lag wie eine Mähne um sie her, mit den Spitzen nach vorn hin über die halb entblößte Brust fallend; ich werde den Anblick nie vergessen. Aber sie war ungewaschen und ungekämmt und nach meinem Gefühl, sowenig sie persönlich innerhalb der idealen Liebe zu stehen schien, doch nur für eine solche geeignet. Ein Wesen, nur mit dem *Auge* zu genießen; mit ihr zu *leben* – ein Gedanke, nicht ausgedacht zu werden! So auch die Stadt selbst. Diese schöne, schwarzhaarige Schwester Struwwelpeters, die seifenintakt auf einen gondelbefahrenen Rinnstein niedersah, war mir wie das Bild Venezias selbst erschienen.

Brief an Karl und Emilie Zöllner vom 10. Oktober 1874 – Es ist die erste Reise Theodor Fontanes nach Italien. Begleitet wird er von seiner Ehefrau Emilie, die wie Fontane ihre Eindrücke über die vielen Wochen in der Fremde niederschreibt. Zuvor hatte Fontane Emilie in einem Brief mitgeteilt, die Reise von den Einkünften seiner dritten Auflage der »Wanderungen« und der zweiten Auflage seiner Gedichte finanzieren zu wollen. Sein Ziel: Emilies Zweifel zu zerstreuen, man könne sich die Reise nicht leisten.

Venezianische Impression

Eine glänzende Ausnahme macht der Marcusplatz und die an ihn grenzende Piazetta. Hier ist nicht nur alles interessant, malerisch, poetisch, hier ist auch alles *in jedem Sinne schön,* und es bedarf keiner romantischen Prise Schnupftabaks, um uns die Augen übergehn zu machen. Es verlohnt sich, 1000 Meilen zu reisen, um diese eine Stunde zu sehn. Es ist ganz einzig, ebenso im einzelnen wie im ganzen. Ich finde nichts lächerlicher als ein Herumkritisieren an Bauwerken wie die Marcuskirche und der Dogenpalast. Sint ut sunt, aut non sint. In mehreren Reisebüchern fand ich die Marcuskirche als einen »schwülstigen Bau« charakterisiert. Man muß ein unendlicher Lederschneider sein, um so etwas Dummes und Kleines sagen zu können. Leider reicht auch Schulfuchserei und Doktrinarismus zu solcher Dummheit gerade aus. Die Marcuskirche wirkt beinah elementar, und sie kritisieren wollen ist nicht viel anders, wie wenn man die Blaue Grotte oder die Fingalshöhle einer künstlerischen Beurteilung unterziehen wollte. So kolossale Sachen, die in einem Jahrtausend geworden, gewachsen, gemodelt sind, liegen über alle Kritik hinaus. Man hat sich lediglich vor ihnen zu verneigen.

Brief an Karl und Emilie Zöllner vom 10. Oktober 1874 – Theodor Fontane hat während seiner Italien-Reise neben Reiseführern vor allem auch Literatur zur Kunst- und Kulturgeschichte des Landes im Gepäck. Impressionen und Erlebtes lässt er später vielfach Eingang in seine Romane finden, darunter »L'Adultera«, »Schach von Wuthenow« und »Effi Briest«.

San Marco im Licht des Tages

Nun noch ein Wort über Venedig. Es ist interessant von Schritt zu Schritt, landschaftlich zauberhaft, poetisch durch und durch, aber es repräsentiert doch nicht *die* Form der Schönheit, die ich *dauernd* vor Augen haben möchte. Dazu ist mir, rundheraus gesagt, die ganze Geschichte doch zu schmutzig. Sie bedarf des Mondlichts, bei dem man nur halb sieht, sie bedarf der Verschleierungen, um immer wieder zu entzücken; bei hellem Tageslicht genießt man den Canal grande, den Rialto und nun gar das Gewirr der Gassen und kleinen Kanäle mit *sehr* gemischten Empfindungen. Es ist eine Touristen-Stadt, eine Stadt zum Sehen, auch zum Bewundern, aber nicht zum Wohnen.

Brief an Karl und Emilie Zöllner vom 10. Oktober 1874 – Wiederholt kritisiert Fontane die Vernachlässigung von Orten und den zunehmenden Strom an Reisenden. Bereits 1873 moniert er: »Zu den Eigentümlichkeiten unserer Zeit gehört das Massenreisen. Sonst reisten bevorzugte Individuen, jetzt reist jeder und jede… Wirte, Mietskutscher und Führer überbieten sich in Gewinnsucht (…).« Im Jahr darauf erklärt Fontane in Bezug auf die eigene Reise, der Aufenthalt in Venedig koste »höchstens 40 Thlr.« und man habe »gut und billig gegessen«.

Abendlicht am Canale Grande

Um 8 ½ Uhr Abreise von Florenz. Während der ersten Viertelstunde hat man immer noch das von seinem alten Klosterbau gekrönte Fiesole zur Seite. Diesem Bilde entsprechend bleibt nun 8 Stunden lang die Fahrt. Die Unterschiede sind nicht sehr erheblich. Der Apennin läuft in hoher, kahler Kette zur Linken und stellt zwei, drei Reihen von Vorbergen in seine Front. Die vordersten Berge die niedrigsten. Auf diesen liegen die Kastelle, die Flecken, die Städte. Ein Kastell, ein Kloster, eine Kirche krönt meistens die Spitze, während die Ortschaften selbst mal höher, mal tiefer am Abhang liegen und entweder in einer einfachen Schräglinie in der Flanke des Berges oder in Terrassen in der Front derselben aufsteigen. Die Linien sind von außerordentlicher Schönheit, mitunter, namentlich gegen Abend, auch die Farben (…).

Aus dem Reise- und Zeitungsbericht »Der Romfahrer Fontane. Reise von Florenz nach Rom« – Noch vor der Fahrt mit Ehefrau Emilie nach Fiesole, einem kleinen Städtchen in der Provinz Florenz, kauft Theodor Fontane ein Druckwerk über das Reiseziel. Regelmäßig nutzt er Reiseliteratur zur Vor- und Nachbereitung von Ausflügen und bei der Arbeit als Journalist und Autor.

Florenz

Unsere Hoffnungen, die Peterskuppel am Abendhimmel auftauchen zu sehn, wurden getäuscht. Es war bereits zu dunkel, und die ganz kleine Mondsichel reichte nicht aus, das Defizit an Tageslicht zu decken. Entzückend waren die großen Feuer, die über die weiten, schließlich völlig flach gewordenen Felder hin brannten; einige dicht neben der Eisenbahn. Gestalten hockten drum umher, deren Tun und Treiben wir nicht erkennen konnten.

Aus dem Reise- und Zeitungsbericht »Der Romfahrer Fontane. Reise von Florenz nach Rom« – Das Besichtigungsprogramm der Fontanes in Rom ist umfangreich und vielfältig – Kirchen, Museen, Paläste. Doch schon nach sieben von 20 Tagen in der ewigen Stadt schreibt Theodor Fontane am 23. Oktober 1874 in einem Brief an die Freunde Karl und Emilie Zöllner: »Das Trümmer-Rom interessiert mich 100 mal mehr, als das was steht und prunkt.«

Abend über Rom

Außer einigen Worten, worin wir, von Florenz oder Verona aus, den Tag unsrer Rückkehr angeben werden, werden dies wohl die letzten italienischen Zeilen sein. Ich schreibe sie am 10. November bei weitgeöffnetem Fenster und bin nach links hin in den Schatten gerückt, um nicht nur der Sonne, sondern auch der Wärme zu entfliehn. – Leider bin ich immer krank; indessen das Stück Erde, das hier ausgebreitet vor uns liegt, ist von einer solchen alle Mißstimmung und allen Nörgelhang siegreich überwindenden Schönheit, daß man seine Choleratropfen freudig ergeben weiternimmt und die Table d'hôte-Diners, die man als bloßer Zuschauer mitmacht, in verklärtem Schmerze bezahlt.
Vorgestern, nachdem wir schon vorher Pompeji besucht hatten, sind wir von einer 3tägigen Fahrt ins Land zurückgekehrt, deren Programm lautete: Capri, Sorrent, Salerno, Paestum.

Brief an Karl Zöllner vom 10. November 1874 – Fontane und seine Frau Emilie pflegen eine enge Freundschaft mit der Familie Zöllner. Der preußische Jurist wird auf Fontanes Empfehlung dessen Nachfolger als Erster Sekretär der Akademie der Künste in Berlin. Zudem verbindet die Männer die gemeinsame Teilnahme an den literarischen Gesellschaften »Tunnel über der Spree«, »Rütli« und »Ellora« miteinander.

Süditalienische Landschaft

Vor 30 Jahren hätten mich nicht zehn Pferde von Neapel weggekriegt, und ich würde Kopf und Kragen daran gesetzt haben, mein Leben, oder doch ein bestes Stück davon, dem Studium Pompejis und seiner ausgegrabenen, wunderbaren Schätze zu widmen. *Jetzt* konnte mir dieser Wunsch nicht mehr kommen, kaum der Gedanke. All dieser Herrlichkeit gegenüber empfand ich deutlich, und nicht einmal schmerzlich, daß meine bescheidene Lebensaufgabe nicht am Golf von Neapel, sondern an Spree und Havel, nicht am Vesuv, sondern an den Müggelsbergen liegt, und inmitten aller Herrlichkeit, die nur eben bildartig gesehn und dann in den Kasten der »Anschauungen« hineingetan sein wollte, zog es mich an die schlichte Stelle zurück, wo meine Arbeit und in ihr meine Befriedigung liegt. Wenn es Zweck des Reisens ist, sich zu enthusiasmieren und innerhalb des Enthusiasmus sich glücklich zu fühlen, so kann man nicht früh genug auf Reisen gehn, handelt es sich umgekehrt um jene gerechte Würdigung, die verständig gewissenhaft abwägt zwischen Daheim und Fremde, zwischen Altem und Neuem, so kann man seinen Wanderstab nicht spät genug in die Hand nehmen. So schön und herrlich Italien ist, so ist es mir doch ganz unzweifelhaft, daß es durch *jugendliche* Menschen, namentlich durch die unglückselige Klasse der Maler, noch zu etwas Herrlicherem hinaufgeschraubt worden ist, als nötig war.

Brief an Mathilde von Rohr vom 24. November 1874 – Theodor Fontane kennt die Adlige aus Berlin, wo die Konventualin einen literarischen Salon führt. 1869 folgt Mathilde von Rohr dem Ruf aus Dobbertin. Im dortigen Kloster lebt sie bis zu ihrem Tod 1889. Ihr Ableben bedeutet für Theodor Fontane den Verlust einer engen Freundin und vertrauten Briefpartnerin, wovon 230 überlieferte Briefe zeugen.

Herbst an der Havel bei Kladow

Stirling-Castle, Schottland

## Epilog

Als Fontane im Frühjahr 1852 auf dem Wege nach London war, schrieb er am 17. April 1852 in Brüssel an seine Frau Emilie, dass er nicht über seine reichen Erlebnisse berichten könne, »(...) mein Brief würde sonst endlos werden. Man reist ohnehin um zu sehen und nicht um zu schreiben.« Keiner hielt sich indes weniger an diese Maxime als er.

Dieses »Sehen« Fontanes habe ich nun wieder aufgegriffen, zumal er nicht nur ein »märkischer Heimatdichter« war, sondern vor allem auch ein märkischer Europäer. Las seine Essays, Tagebücher und Impressionen über seine Reisen in Europa. Wählte Texte aus, die einen malerischen Bezug aufweisen. Und suchte die Orte auf, die er aus seiner Sicht so eindringlich beschrieben hat. Immer mit meinen Malutensilien im Gepäck und auf der Suche nach einer malerischen Komposition. Das sinnliche Empfinden beim Sehen des Ortes spielte dabei bei der malerischen Umsetzung eine nicht unerhebliche Rolle.

Herauszuheben waren vor allem seine langjährigen Aufenthalte in England und seine Reise mit seinem Freund Lepel durch Schottland, die er in »Jenseit des Tweed« niederschrieb. Allein die wunderbaren nordischen Landschaften Schottlands, die Highlands, die ich im Herbst aufsuchte, boten mir eine Farbenpracht – von Orange bis zum intensiven Grün – und eine Weite und Tiefe durch die langgezogenen See-Einschnitte in den Tälern. Und immer wieder burgartige Städte mit ihren felsartigen Strukturen.

Fand in Fontanes Texten häufig plastische bildhafte Beschreibungen, die mich zu einer malerischen Umsetzung verführten, ohne dass es zur Illustration wurde. So unter anderem durch seinen Text zum Stirling-Castle.

Obwohl Fontane ein großer Freund des Nordens war, so sind doch seine Reiseschilderungen in den romanischen Ländern wie Frankreich und Italien für mich ein Genuss gewesen, auch diese Orte aufzusuchen und mit meinen Mitteln einen Dialog aufzunehmen. Versuchte, mich in der Regel an der Stimmungslage des jeweiligen Ortes, den Fontane häufig ausführlich beschrieb, zu orientieren. Ließ mich auf die übliche Illustration solcher Vergleiche nicht ein, sondern versuchte mit Andeutungen und Skizzierungen die Luftigkeit der Texte aufzunehmen, um so das Atmosphärische mittels Pinsel und Aquarellfarbe auf Papier zu bannen.

*Hans-Jurgen Gaudeck*

## Editorische Notiz

Fontanes Texte entstammen den unterschiedlichsten Ausgaben mit jeweils eigenen Editionsprinzipien. Sie werden in diesem Buch in vereinheitlichter Schreibweise präsentiert. Orthographie und Interpunktion wurden behutsam modernisiert, sprachliche Eigenheiten Fontanes blieben erhalten. Wie bei Klassikern üblich, wurde auf die Anwendung der neuen Rechtschreibung verzichtet.

Ebenfalls verzichtet wurde bei den nachfolgenden Quellenangaben auf Zitatnachweise mit Seitenangabe der jeweiligen Edition. Wer sich für den Kontext der Zitate interessiert, wird diese auf Grund der Datumsangaben bei den Briefen und der exakten Kapitelangaben bei Fontanes Werken mühelos in den ihm zur Verfügung stehenden Ausgaben finden.

## Quellen


Fontane, Theodor: Aus den Tagen der Occupation – Eine Osterreise durch Nordfrankreich und Elsaß-Lothringen, Verlag der Königlichen Geheimen Ober-Hofbuchdruckerei, Berlin 1871 (Zitate auf den Seiten 54, 56, 58, 60, 62)

Fontane, Theodor: Der Romfahrer Fontane. Reise von Florenz nach Rom. Aus Theodor Fontanes unveröffentlichtem Tagebuch d. ersten italienischen Reise (Herbst 1874). Deutsche Allgemeine Zeitung. Berlin. 14.03.1926 (Zitate auf den Seiten 72, 74)

Fontane, Theodor: Ein Sommer in London, Druck und Verlag von Gebrüder Katz, Dessau 1854 (Zitate auf den Seiten 8, 10, 12, 14, 16, 18)

Fontane, Theodor: Jenseit des Tweed – Bilder und Briefe aus Schottland, Hrsg. Gotthard Erler, Rütten und Loening, Berlin 1974 (Zitate auf den Seiten 28, 30, 32)

Fontane, Theodor: Jenseits von Havel und Spree: Reisebriefe, Hrsg. Gotthard Erler, Rütten und Loening, Berlin 1984 (Zitat auf Seite 78)

Fontane, Theodor: Theodor Fontanes Briefe an seine Familie, Band 1–2, S. Fischer, Berlin 1924 (Zitate auf den Seiten 6, 34)

Fontane, Theodor: Wanderungen durch England und Schottland, Band 1–2, Hrsg. Hans-Heinrich Reuter, Verlag der Nation, Berlin 1979 (Zitate auf den Seiten 22, 24, 26, 36)

Fontane, Theodor: Werke, Schriften und Briefe III/3/1, Reiseberichte, Hrsg. Walter Keitel, Helmuth Nürnberger, Carl Hanser, München 1975 (Zitate auf den Seiten 20, 44, 46, 48, 52, 64)

Fontane, Theodor: Werke, Schriften und Briefe IV/2, Briefe, Hrsg. Walter Keitel, Helmuth Nürnberger, Carl Hanser, München 1979 (Zitate auf den Seiten 66, 68, 70, 76)

Nymphenburger Fontane-Ausgabe Sämtliche Werke in 24 Bänden (30 Teilbänden), herausgegeben von Edgar Groß, Kurt Schreinert, Rainer Bachmann, Charlotte Jolles, Jutta Neuendorff-Fürstenau und Peter Bramböck, München (Nymphenburger Verlagshandlung) 1959–75 (=NFA); ihr folgen alle Textzitate, die im Folgenden nicht seitenmäßig aufgeführt sind

- NFA Bd. XVIII (Zitate auf den Seiten 38, 40, 42)

*Zur Abfassung der Anmerkungen wurden ferner herangezogen:*

Berbig, Roland: Theodor Fontane Chronik, Bände 1–5, Walter de Gruyter Verlag, Berlin 2010

Breining, Sonja: Analyse von Theodor Fontanes Berichten über das Reisen in Frankreich in seinem Buch ›Aus den Tagen der Okkupation‹, GRIN Verlag, München 2009

Dieterle, Regina: Theodor Fontane und Martha Fontane – Ein Familienbriefnetz, Walter de Gruyter Verlag, Berlin 2002

Fründt, Eva: Biographie: Theodor Fontane 1819–1859, GRIN Verlag, München 2008

Gelfert, Hans-Dieter: Charles Dickens – Der Unnachahmliche, C.H. Beck Verlag, München 2011)

## Hans-Jürgen Gaudeck

1941 Geboren in Berlin,
Diplom-Betriebswirt

1987 Eintritt in die Künstlergruppe MEDITERRANEUM, mit der er mehrere Jahre auf der Freien Berliner Kunstausstellung vertreten war

### Einzelausstellungen u.a.

Kloster Dobbertin, Schloss Sacrow-Potsdam, Griechische Kulturstiftung Berlin, Vin d'Oc, PrivateBankingCenter der Berliner Volksbank, Bankhaus Löbbecke, Galerie S, Galerie Kulturhaus Spandau, Galerie am Havelufer, Galerie Jasna Schauwecker, Galerie der Kulturen im KOKON Lenbach-Palais München, Galerie Alte Schule Ahrenshoop, Pinakothek Korfu

### Aquarelle

Werke im privaten und öffentlichen Besitz

### Bücher – eine Auswahl

Griechische Inseln im Licht; Tage auf Kreta; Augenblicke auf Korfu; Vom Zauber Asiens; Poesie des Augenblicks; Perlen der Ostsee; Märkischer Juni (Eva Strittmatter) und Ein weites Land (Theodor Fontane)

www.gaudeck.com

## Theodor Fontane

| | |
|---|---|
| 1819 | Geboren in Neuruppin |
| 1847 | Approbation als »Apotheker erster Klasse« |
| ab 1849 | Schriftsteller (Romane, Novellen, Erzählungen, Balladen, Gedichte) und Journalist, Publizist, Kritiker, Herausgeber, Privatlehrer |
| 1855 – 1859 | Pressekorrespondent in London |
| 1870 – 1889 | Nebentätigkeit als Theaterkritiker der Königlich privilegirten Berlinischen Zeitung von Staats- und gelehrten Sachen (Vossische Zeitung) |
| 1898 | Gestorben in Berlin |

### Ehrungen

Ehrengabe der Deutschen Schillerstiftung 1891
Ehrendoktorwürde der Philosophischen Fakultät der Friedrich-Wilhelms Universität Berlin 1894

### Bücher – eine Auswahl

Jenseit des Tweed; Wanderungen durch die Mark Brandenburg; Vor dem Sturm; Grete Minde; Ellernklipp; Schach von Wuthenow; Irrungen, Wirrungen; Stine; Effi Briest; Die Poggenpuhls; Der Stechlin

Die Deutsche Nationalbibliothek verzeichnet diese Publikation
in der Deutschen Nationalbibliografie;
detaillierte bibliografische Daten sind im Internet über
http://dnb.d-nb.de abrufbar.

Mit einem Vorwort von Dr. Claus Cartellieri

1. Auflage 2014

Steffen GmbH, Erich-Weinert-Straße 138, 10409 Berlin
Tel.: (030) 41 93 50 08, www.steffen-verlag.de, info@steffen-verlag.de

Herstellung: Steffen GmbH, Mühlenstraße 72, 17098 Friedland,
www.steffendruck.de

ISBN 978-3-941683-41-9